Eugène BARBIER

Le Château de Vez

(Monument Historique)

MONOGRAPHIE

1926

LE

CHATEAU DE VEZ

Du Même Auteur :

QUELQUES VERS — Imprimerie de Vaugirard, 1923.

LE CHATEAU DE BOURSONNE, Monographie illustrée, édition de luxe — Imprimerie de Vaugirard, 1923.

LE DERNIER DES CAPENDU, roman historique, R. Chiberre, Paris, 1923.

VOIE FATALE, roman — R. Chiberre, Paris, 1924.

ABANDONNÉ, roman — R. Chiberre, Paris, 1924.

FLORINE, roman historique — J. Tallandier, Paris, 1925.

Pour paraître prochainement :

LE MARTYRE DE SAINTE-MAXENCE.

BLASONS DES SEIGNEURS DE VEZ

Comtes de Valois

Raoul d'Estrées

Simon de Vez (Saint)

Eugène BARBIER

LE

CHATEAU DE VEZ

(Monument Historique)

MONOGRAPHIE

IMPRIMERIE ROBAUDY
CANNES

1926

CHATEAU DE VEZ. — VUE EXTÉRIEURE

Château de Vez

PREMIÈRE PARTIE

Situation topographique
Légendes et Souvenirs

Le château de Vez se dresse, fier et élégant, au sommet d'une colline boisée qui domine les vallées d'Automne et de Vandi, au pays de Valois. Sa haute tour médiévale, sa chapelle au toit aigu, ses tours de guet, et la belle ligne de ses remparts couronnés de machicoulis, forment un ensemble majestueux, qui a pour cadre, dans le lointain, la forêt de Retz.

Dans son état actuel, il comprend une enceinte parfaitement close et défendue de toutes parts. Posé sur la croupe d'un monticule, dégagé sur ses flancs, il ne communique avec le plateau que par un espace relativement étroit.

Du côté de la vallée, le château est protégé par la nature marécageuse des terres inférieures, par un escarpement naturel, et par des murs de terrasse à forte base, surmontés d'un simple parapet.

Du côté le plus accessible, celui de la plaine, règne un système de courtines et de remparts ayant en moyenne cinquante pieds de hauteur, et au-dessus duquel est pratiqué un chemin de ronde. A l'angle le plus exposé, s'élève une grosse tour, de forme sensiblement carrée, quoique irrégulière, flanquée dans toute sa hauteur de cinq massifs cylindriques en maçonnerie pleine. Cette tour, qui a environ cent pieds d'élévation, peut être considérée comme un des beaux spécimens de l'architecture militaire.

Le front du château est protégé du côté de la plaine par un fossé, sur lequel était jeté un pont mobile qui aboutissait à l'entrée du château, gardée par deux tourelles se terminant en clocheton.

CHATEAU DE VEZ. — COUR INTÉRIEURE

Quand on pénètre dans l'enceinte, on voit au milieu, les ruines d'un corps de bâtiments, qui servait d'habitation aux seigneurs du lieu, et qu'on appelait «le logis».

L'effet de ces ruines est fort pittoresque ; elles sont entourées de gazons et de menues plantations.

Si l'on jette les yeux par-dessus les parapets des murs d'enceinte, on aperçoit dans le fond de la vallée, à droite, les restes de l'ancienne abbaye du Lieu-Restauré ; sur la colline en face, et légèrement à gauche, la ferme de Saint-Marc, reconnaissable à ses deux tourelles en clocheton. Cette ferme est nommée du «Petit-Vez», parce que primitivement elle formait une dépendance du château.

Le spectateur est charmé par l'agrément du site. Il domine la cime des arbres qui garnissent les escarpements du monticule. Partout, en face, à gauche et à droite, la vue plonge dans la vallée, étroite et traversée par une petite rivière. Tapissée de prairies marécageuses, revêtue de plantations d'aunes grisards et d'arbres verts, cette vallée change de couleur suivant les saisons, offre un aspect un peu sauvage.

La position militaire du château était excellente et complétait la ligne de défense constituée par Pierrefonds, les défilés de la forêt de l'Aigue et les rivières de l'Oise et de l'Aisne.

Il avait d'abord été édifié sur les ruines d'un camp romain, par Raoul d'Estrées, en 1214, après la bataille de Bouvines. Il fut repris et fortifié par Louis d'Orléans au XIVe siècle, lorsque celui-ci voulut prendre ses sûretés au nord de Paris pour résister à l'envahissement du duc de Bourgogne, qui, de son côté, se retranchait au sud du domaine royal. Aussi fut-il rebâti avec le plus grand soin, très probablement par le même architecte que Pierrefonds.

Et de fait, Vez entouré de ravins, de cours d'eau et de forêts, était une forteresse facile à défendre et constituait un point solide d'une grande ligne de résistance.

Des légendes et des souvenirs du plus grand intérêt s'attachent au château de Vez. Citons-en quelques-uns :

Bonneuil. Dans le XIVe siècle, ce château fut reconstruit presque en entier; fortifié avec soin au commencement du XVe siècle, il tomba au pouvoir des Anglais, et fut bientôt repris par les troupes de Charles VII, qui en ordonna la démolition au mois d'avril 143[illegible]. Les restes de cette forteresse, ses larges fossés, ses hautes murailles et son donjon à mâchicoulis ont quelque chose d'imposant. Placée sur un rocher très-élevé, elle devait être d'un accès fort difficile en cas d'attaque; c'est une des plus belles ruines du Valois.

La situation de Pont-Sainte-Maxence sur les bords de l'Oise, au pied d'une montagne, est riante et pittoresque. On regarde cette ville comme fort ancienne. Carlier croit que c'est le *Litanobriga* des Romains (1); mais cette opinion n'est plus admissible depuis la découverte récente des restes de cette station près de Nogent-les-Vierges. Le surnom de Sainte-Maxence donné à Pont est dû à une jeune vierge qui souffrit le martyre au Ve siècle, entre cette ville et Senlis, et que l'église révère comme une sainte. Maxence était belle et noble. Recherchée par Maxeus, prince païen, elle s'enfuit du toit paternel avec un serviteur et une servante, pour ne pas être forcée de lui donner sa main.

(1) *Histoire du Duché de Valois*, tom. Ier, liv. Ier, pag. 27.

REPRODUCTION DU VOYAGE PITTORESQUE DANS L'ANCIENNE FRANCE
DE TAYLOR, NODIER ET DE CAILLEUX

Arrivés sur les bords de l'Oise, [illegible] dans cette rivière trois grosses pierres qui leur servirent de pont et que l'on n'a jamais pu en retirer depuis. Mais bientôt Maxent, qui l'aimoit avec fureur, l'atteignit dans sa retraite; après avoir [illegible] de [illegible] l'épouse, n'ayant pu y parvenir, [illegible] dans son [illegible] colère, lui trancha la tête de son épée et reprit [illegible] le chemin de son pays : « Le « corps de la vierge, ajoute Louvet, se leva de terre, et pre- « nant sa teste entre ses mains, la porta du lieu de son mar- « tyre, où est bastie une petite église en son honneur et « mémoire, à l'endroit où son corps est reposant (1). »

Les habitants de la ville de Pont s'efforcèrent vainement de lever de terre les restes de Maxence, pour les transporter dans leur église. « Une soudaine et grande épaisseur de « brouillars qui se présenta devant leurs yeux, continue « Louvet, leur donna une si grande épouvante qu'ils prin- « drent la fuite. »

Pont-Sainte-Maxence a été le théâtre de plusieurs grands événements. En 673, Ébroïn, maire du palais, s'étant évadé de sa prison de Luxeu, prit les armes contre le roi Thierry,

1. Louvet, [illegible]

Reproduction du VOYAGE PITTORESQUE dans L'ANCIENNE FRANCE DE TAYLOR, NODIER ET DE CAILLEUX

Une légende veut que Sainte Maxence, jeune vierge chrétienne, recherchée par Maxent, prince païen, « ait quitté la maison paternelle avec un serviteur et une servante pour ne pas être forcée d'accorder sa main à son persécuteur. Arrivée sur les bords de l'Oise, elle jeta dans cette rivière trois grosses pierres qui servirent de pont, et qu'on n'a jamais pu retirer depuis. Mais bientôt, Maxent, qui l'aimait avec fureur, l'atteignit dans sa retraite. Après avoir tâché de vaincre ses refus de l'épouser et ne pouvant y parvenir, il entra dans une violente colère, lui trancha la tête de son épée et reprit aussitôt le chemin de son pays.»

Une lithogravure, que nous reproduisons plus loin, tirée de l'ouvrage : *Voyages pittoresques et romantiques dans l'ancienne France*, de Taylor, Nodier et de Cailleux, encadrant une page de l'histoire de Sainte Maxence, représente le donjon de Vez, où, penchée sur le rempart, une femme agite un voile.

Cette femme est probablement Sainte Maxence.

Encore que nous n'ayons pu vérifier le fait dans les chroniques et actes relatifs à la sainte, il est tout à fait possible que la princesse fugitive, qui, on le sait avec précision, subit le martyre sur la route de Senlis, ait trouvé un asile en ces lieux où se dressait déjà, à cette époque (Ve siècle), un château gallo-romain.

Evidemment ce château n'était pas le donjon actuel qui date du XIIIe siècle, mais les vieux chroniqueurs, et surtout leurs illustrateurs, ne se préoccupaient pas de l'anachronisme !

Citons encore la légende, très curieuse, du "baudelot" blanc. Nous l'empruntons à la remarquable notice historique sur Vez, publiée par Elie Paillet en 1857 :

« Nombres d'honnêtes habitants de Vez affirment et sont convaincus que, vers minuit, sur un parcours qui commence au haut du chemin de la montagne de Vez, du côté du Lieu-Restauré, et qui finit à la croix du chemin de Longpré, apparaît un animal mystérieux, entièrement blanc, ayant la forme d'un petit baudet, et appelé, à cause de cela, le "baudelot" blanc. Cet animal n'a pas, du reste, d'instincts féroces ; il se venge quand on l'attaque, et il rue malicieusement contre ceux qui le frappent. Il serait même capable, en cas de récidive, de les emporter

CHATEAU DE VEZ. — TOUR DE JEANNE D'ARC

en l'air. Telle est la tradition immémoriale, et l'étranger rencontrera dans Vez certaines gens devant lesquels il devra se garder d'en rire.

« Du reste, quand on discute à la veillée cette antique croyance, les sceptiques ne manquent pas, surtout parmi les jeunes gens. L'historien ne doit pas prendre parti pour ces esprits forts, mais il doit rapporter fidèlement leurs explications. Ceux-ci donc commencent par poser en fait que, depuis la Révolution française et la suppression des couvents, nul ne peut affirmer avoir aperçu le "baudelot" blanc. Avant ce temps, qu'est-il arrivé ? Il est arrivé, disent les impies, que les moines de Lieu-Restauré sortaient la nuit pour rendre visite à l'abbaye de Longpré et, qu'au lieu de suivre la vallée d'Automne, marécageuse et dangereuse dans l'obscurité, ils prenaient le chemin des hauteurs passant par le village de Vez. Quand ils étaient surpris par quelque paysan attardé, ils se mettaient à quatre pattes pour se dissimuler. Leur ample vêtement, de couleur blanche, leur donnait la forme d'un animal bizarre, dont leur capuchon rabattu évoquait la tête. Le paysan se signait et s'éloignait avec effroi, croyant avoir rencontré le diable. Les moines de Lieu-Restauré ne manquaient pas, comme on pense, d'encourager cette utile superstition. Telle est la version des sceptiques. Il appartient à de plus savants de trancher la querelle ».

Parmi les grands souvenirs historiques du château de Vez, il faut citer le séjour de Jeanne d'Arc.

En apprenant que le duc de Bourgogne, malgré la trêve conclue cherchait à s'emparer des places de Soissons et de Compiègne, pour relier les Flandres à ses domaines de Bourgogne et compléter l'investissement du domaine royal, Jeanne d'Arc, comprenant le danger, était accourue des bords de la Loire. C'est ainsi que pendant la période qui s'écoula du 15 avril au 23 mai 1430, elle vint, à plusieurs reprises inspecter la citadelle. Suivant la tradition, elle entendait la messe dans la chapelle du château, et faisait de longues stations dans la petite tourelle, appelée depuis « la tour de Jeanne d'Arc » d'où elle surveillait les routes environnantes.

Soissons venait de capituler. Il ne restait plus que la place de Compiègne à défendre.

LE GÉNÉRAL MANGIN

Pendant cette période de trente huit jours, Jeanne ne quitta plus la région, allant et venant à Crépy, à Compiègne, battant la campagne, et, suivant l'expression de Gabriel Hanotaux, dans son livre sur l'héroïne : « Rôdant en quelque sorte, autour de la ville, comme un chien de garde vigilant qui rassemble son troupeau. »

Jeanne vécut pendant cette période les heures les plus douloureuses de sa vie.

Impuissante à faire prévaloir ses idées, abandonnée en quelque sorte par Charles VII dès le lendemain du sacre de Reims, sentant l'ingratitude et l'hostilité régner autour d'elle, parce que les courtisans la trouvaient encombrante et présomptueuse, que le roi était jaloux de sa gloire et de l'hommage enthousiaste que lui rendaient les populations, Jeanne avait le pressentiment que sa carrière serait bientôt terminée. « Ses voix » l'avaient avertie qu'elle serait prise avant la Saint-Jean...

Quelques-unes de ces heures d'angoisse où elle lutta en dépit des intrigues politiques, de l'hostilité des courtisans, de l'indifférence et de l'indolence du monarque, la sublime héroïne les vécut à Vez, et on se la représente dans cette petite tourelle, d'où elle surveillait les alentours, se recueillant et méditant sur l'ingratitude humaine !

Jeanne avait fait le sacrifice de sa vie. Quand on voulut la dissuader d'aller s'enfermer à Compiègne : « Par mon Martin, répondit-elle, j'irai retrouver mes bons amis de Compiègne ! »

Le 23 mai de grand matin, elle quitta Crépy avec une faible escorte.

Dès son arrivée, le 24 mai, ayant à ses côtés quelques-uns de ses bons compagnons, Guillaume de Flavy, Poton de Xaintrailles, et cinq ou six cents hommes, elle organise une sortie pour aider l'arrivée des secours attendus, bouscule d'abord l'ennemi, quand, à la nuit tombante, un renfort inattendu ranime l'Anglais.

Jeanne se replie alors et marche avec sa troupe en ordre, vers la porte de secours.

Restée à l'arrière-garde pour assurer la retraite, elle arrive au but, quand la herse est subitement abaissée, par inattention ou à dessein, sur l'ordre de Guillaume de Flavy !... (1)

(1) Elle se rendit à Lyonnel, archer du bâtard de Wandonne.

Prisonnière d'un gentilhomme picard, Jeanne est conduite à Margny, puis livrée à Jean de Luxembourg qui la vendit aux Anglais moyennant 10.000 livres comptant et 500 livres de pension.

A l'arrivée des forces unies du Maréchal de Boussac et du comte de Vendôme, aidées par Xaintrailles, les Anglais battus levèrent le siège devant Compiègne, mais le parti français venait de perdre son héroïne, le personnage le plus remarquable de cette époque, le plus merveilleux de notre histoire et de l'Histoire !

Voici maintenant un autre grand souvenir :

Près de cinq siècles plus tard, ce n'est pas contre les Anglais alliés des Bourguignons qu'il faut défendre la patrie, c'est, une fois de plus, contre les hordes germaniques ; c'est la grande guerre de 1914-1918.

Vez abrite le général Mangin et son état-major.

Nous voici au 17 juillet 1918 : le général donne ses derniers ordres pour l'attaque du lendemain, pour la bataille du Tardenois qui nous assurera la victoire...

Voici la déclaration laissée par cet illustre chef d'armée au maire de la commune, M. Duval :

Ici, le 16 Juillet 1918, avant-veille de la bataille j'ai réuni les chefs de guerre qui allaient commencer l'attaque définitive qui termina la lutte de quatre années.— J'y suis revenu remercier les aimables hôtes qui ont fait de leur demeure, une oasis pour nos braves soldats.

Vez, 20 Octobre 1919.

A. MANGIN.[1]

---

(1) La photographie, envoyée en souvenir, porte les deux dates suivantes « *de Vez, 16-7, 18 ; à Mayence, 14-1, 19.* » et la devise militaire du grand et énergique soldat : « *Faire la guerre, c'est attaquer !* »

Ici, le 16 juillet 1918, avant-veille de la bataille, j'ai réuni les chefs de guerre qui allaient commencer l'attaque décisive qui termina la lutte de quatre années — J'y suis revenu remercier les aimables hôtes qui ont fait de leur demeure un oasis pour nos braves soldats —

Metz 20 oct^re 1919

Ch. Mangin

C. Mangin

AUTOGRAPHE DU GÉNÉRAL MANGIN

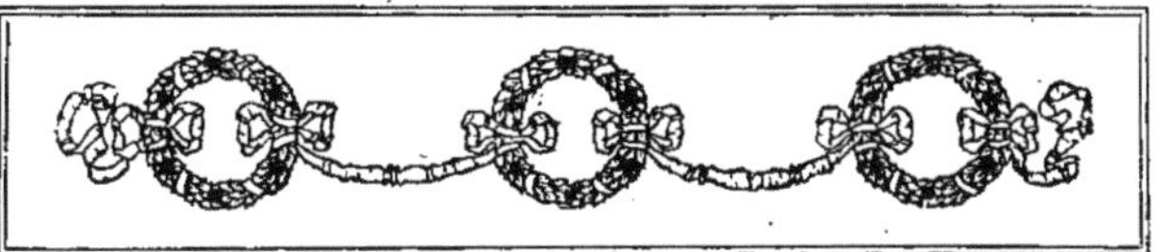

DEUXIÈME PARTIE

Etymologie — Origine — Histoire

Le nom de Vez vient de *Vadum* qui, en latin, signifie gué. Un barrage avait été établi autrefois dans le fond de la vallée par les moines de Saint-Mard, dont le monastère s'élevait sur la colline opposée à celle du château.

Le pays s'était donc appelé *Pagus Vadensis*. Damien de Templeux s'exprimait ainsi : « *Vadum ex-cujus vocabulo territorium appellari consuevit Vadensium.* » Par un changement de lettres, dont il y a des exemples assez fréquents, on avait fait de « *Pagus Vadensis* » le pays de Valois, ou simplement Valois.

L'origine du château de Vez remonte aux époques les plus reculées de notre histoire.

Tout d'abord, siège d'une tribu gauloise, il devint sous la domination romaine une station d'une certaine importance.

Dans le marais situé au-dessus du village de Vez, on a retrouvé beaucoup de tuiles, vases, statuettes en terre cuite, et en si grande abondance, qu'on a pu supposer qu'il y avait là un four à poterie de l'époque gallo-romaine.

Sur tout le plateau qui s'étend de la vallée d'Automne à la forêt de Compiègne, on trouve de nombreuses traces de l'occupation romaine.

A 12 kilomètres de Vez, à Champlieu, une ville romaine, de 25.000 habitants, appelée Rotomagus comme la ville de Rouen, s'élevait autrefois, ville détruite par l'invasion des Barbares, et dont il reste les ruines d'un temple, des thermes, un théâtre romain, ainsi qu'une catacombe des plus intéressantes. Cette dernière, primitivement grotte préhistorique, devint pendant les premiers siècles de l'ère chrétienne le refuge des chrétiens persécutés par les prêtres d'Apollon et de Mithra. On y a retrouvé de nombreux témoins de l'âge de la pierre taillée (haches, poinçons, flèches, bijoux et colliers, polissoirs en silex), en même temps que de nombreux vestiges de l'époque gallo-romaine. L'importance de ces dernières découvertes prouve que les généraux romains attachaient une grande valeur stratégique à l'occupation de cette région, pour défendre la Gaule, contre les invasions des Barbares venant de l'autre côté du Rhin.

Il faut se rappeler en effet que la nécessité de protéger les frontières contre les hordes germaines, amena l'envoi de nombreuses légions dans ces parages, avant la naissance de Jésus-Christ et plusieurs siècles après.

Les populations gauloises se soumirent au joug protecteur, des chefs gaulois entrèrent dans l'armée romaine. La civilisation gallo-romaine s'établit ainsi, par la pénétration pacifique des deux races. Plus tard, lors de la décadence de l'Empire d'Occident, les Francs, peuplades de la rive gauche du Rhin, de la Hollande et de la Frise, vinrent prendre la place des Romains pour défendre la Gaule contre les incursions germaniques.

Les Francs étaient de rudes guerriers, de mœurs simples ; ils apportèrent les principes de monogamie, et l'esprit de famille.

Ils acceptèrent avec Clovis la religion chrétienne et le latin comme langue officielle. Le dialecte populaire continua d'être le roman, qui devint plus tard la langue française.

A l'époque de l'invasion franque, le château de Vez fut possédé par un comte, première dignité de l'ordre germanique, désignée sous le nom de «graf» et donnée à un lieutenant ou compagnon du roi.

Le comté de Valois englobait au début les territoires de Vez, de Bonneuil et de Largny.

Plus tard il s'étendit et absorba ceux de Cœuvres, de Vivières, Villers-Cotterets, Guise, Pierrefonds, Crépy, Nanteuil le Haudouin.

Pendant cinq siècles, Vez fut la capitale du Valois.

A la fin de la monarchie carolingienne, un

CHATEAU DE VEZ. — LA CHAPELLE

démembrement de ce domaine s'opéra au profit de Crépy, dont les seigneurs prirent le titre de comtes de Valois.

Pépin le Bref, en l'An 755, avait réuni à Vez, en concile, presque tous les évêques des Gaules, qui établirent différents règlements sur la discipline du clergé.

En 844, Charles le Chauve y avait assemblé un autre concile dont l'objet fut de porter quelque remède aux désordres du clergé.

* *

Le démembrement[1] de l'empire de Charlemagne, les guerres intestines qui suivirent, les invasions des Normands, l'impuissance des rois à les réprimer, l'obligation où était chacun de pourvoir à sa propre sûreté, toutes ces causes, en amenant l'établissement du régime féodal, furent fatales à l'importance de Vez.

L'édit de Kiersy, qui accordait l'inamovibilité

(1) Nous empruntons une grande partie de ce chapitre, à la notice de M. Elie Paillet.

et l'hérédité aux titulaires des comtés, éleva les uns et baissa les autres, selon le degré d'énergie qui les porta à fonder leur pouvoir particulier aux dépens du pouvoir royal. Ceux qui, soit par faiblesse, soit par fidélité, restèrent complètement soumis à la royauté, perdirent en autorité ce que perdait la royauté elle-même, alors réduite aux provinces des environs de Laon. Il est plus que probable que telle fut la cause de l'affaiblissement des comtes de Vez, d'ailleurs voisins du premier siège de la monarchie, et du dernier refuge de la race carolingienne.

A l'époque des irruptions normandes sur les bords de l'Oise, dans la seconde moitié du IXe siècle, un comte de Vexin, nommé Valeran, épousa Hildegarde, qui était simplement dame de Crépy (*domina de Crespeio*), c'est-à-dire propriétaire de la terre de Crépy. Ce mariage fut l'origine d'une suite de seigneurs, qui, étant déjà comtes de Vexin, prirent le titre et l'autorité des comtes de Crépy, au détriment du roi dont ils reconnaissaient nominalement la suzeraineté, et surtout au détriment des comtes de Vez, qui jusque là avaient tenu Crépy dans leur dépendance.

Cette usurpation fut le point de départ de beaucoup d'autres.

A une époque où les petits cherchaient la protection des plus puissants, les comtes de Vexin et de Crépy entraînèrent dans leur vasselage toute la partie occidentale de l'ancien comté de Valois Mais ils ne prirent le titre de comtes de Valois que le jour où la terre et le château de Vez passèrent par suite de ces affaiblissements successifs, sous leur domination.

Une anecdote du temps, assez curieuse, témoigne que cette dernière adjonction ne s'opéra pas de suite, et qu'en 950 le château de Vez, ainsi que le pays Valois proprement dit, obéissaient encore à l'autorité royale.

Cette histoire est celle des reliques de Saint Arnoul.

Nul ne mena une vie plus errante et plus nomade que le chrétien canonisé sous le nom de Saint Arnoul. Né à Rethel en Champagne, instruit par Saint Rémy, il prit avec sa femme, le jour même de leurs noces, la belle résolution de pratiquer la continence, et de se consacrer à la religion. Mais, tandis que la femme se retirait dans un couvent, Saint Arnoul se mit à voyager. Ce fut un vrai pèlerin, à la façon du moyen-âge, avec accompagnement de force dévotions.

Il parcourut toute la France, s'arrêtant à Tours, sur le fameux tombeau de Saint-Martin. Puis visita successivement Rome, Jérusalem et Constantinople. Revenu dans on pays, et ralenti par l'âge, mais toujours dominé par son humeur vagabonde, il se mit à organiser de petits pèlerinages aux environs de Reims. Il finit comme devait finir un voyageur obstiné, dans un temps où il y avait tant de brigandages et si peu de police. Il périt assassiné sur une grande route, au milieu d'une forêt, au nord de Rethel.

Mais quelles qu'aient été les pérégrinations de Saint Arnoul pendant sa vie, il en accomplit de non moins étonnantes après sa mort, et ses os voyagèrent à peu près autant que sa personne.

L'endroit où le corps de Saint Arnoul avait été inhumé fut miraculeusement découvert par un fiévreux du pays, qui éprouva une guérison subite au moment où il y passait. Dès lors, la dépouille du saint n'eut plus de repos ; on la transporta en pompe dans l'oratoire de Gruyères, bourgade voisine. Elle passa de là dans une église du lieu, consacrée à Saint Hilaire, puis dans la chapelle d'un seigneur fort pieux, enfin dans le monastère de Mouson, au diocèse de Reims.

Là, elle fit une station. Mais le chapitre de Tours s'avisa d'élever des prétentions sur les précieuses reliques ; on négocia et l'on convint qu'elles seraient transportées à Tours. En passant par la forêt Iveline, au pays Chartrin, les porteurs déclarèrent que la châsse était trop lourde et leur paie trop légère. Ils abandonnèrent donc sur le bord de la route le malheureux saint, qu'on finit par recueillir dans une chapelle placée sous son invocation.

Saint Arnoul paraissait ainsi parvenu au terme de ses vicissitudes.

Mais cette seconde station devait être aussi peu durable que la première :

Un prêtre nommé Constance, natif de Vez, assez mauvais sujet, à ce qu'il semble, quitta son pays où ses talents avaient peu de succès, pour aller chercher fortune dans la forêt Iveline. Admis dans le chapitre qui avait la garde des reliques, il crut qu'un excellent moyen de se faire valoir était de mettre la main sur les os du saint homme.

Un jour, tandis que les chanoines se livraient aux douceurs de la sieste, il glissa les reliques dans un sac bourré de laine, et prit la fuite. Après une marche forcée qui dut singulièrement balloter les restes du pauvre Arnoul, il arriva à Vez, qu'on appelait encore la capitale du Valois, au mois de septembre 949.

Tirées de leur enveloppe, les reliques se mirent à resplendir en plein jour d'un éclat surnaturel, et qui se distinguait de la lumière du soleil.

Il faut renoncer à dire l'admiration des assistants, la rumeur publique, l'affluence des populations autour de cette merveille, et tous les miracles qui se produisirent, telle que la guérison des malades par simple attouchement.

Quand Raoul Ier, alors comte de Crépy, apprit ces choses extraordinaires, il conçut le désir irrésistible de posséder la précieuse châsse. Il fit tant par dons, prières et promesses, que la translation à Crépy fut consentie, et qu'elle s'opéra processionnellement, en grande solennité, le 27 septembre 949.

Constance obtint ce qu'il espérait, c'est-à-dire des honneurs et des bénéfices. On le nomma curé de Vaumoise, entre Vez et Crépy, sur la route qu'avait suivie le pieux cortège. Mais il eut le malheur de jeter des regards de concupiscence sur la femme d'un de ses paroissiens, et la femme eut l'inconvenance d'y répondre. Il paraît que le cas fut jugé grave, il fut destitué.

Constance perdit par un adultère ce qu'il avait acquis par un vol ; on voit par là que, si ce récit n'est pas une fable, il a du moins sa moralité.

Saint Arnoul fut plus heureux ; il devint patron de la ville de Crépy. On institua des fêtes en son honneur, on fonda sous son nom un monastère, que les comtes du pays favorisèrent, agrandirent, enrichirent à l'envi. Saint Arnoul avait trouvé enfin sa dernière demeure ; dans la chapelle qui lui était consacrée il parvint à jouir d'un repos bien dû à ses tribulations.

La négociation qui eut lieu au sujet des reliques de Saint Arnoul, entre les comtes de Crépy et de Vez, est considérée par les auteurs comme une preuve flagrante qu'à cette époque le pays de Vez ou Valois était encore indépendant du comté de Crépy, et obéissait au roi de France. La réunion n'eut donc lieu que dans la seconde moitié du Xe siècle.

Dès lors, les comtes de Crépy, qui étaient aussi comtes de Vexin, empruntèrent à Vez le titre de comtes de Valois, et même ce dernier titre prévalut sur les autres, ce qui démontre le prestige qui s'y attachait.

Raoul III, dit Raoul le Grand, comte de Valois en 1064, marchait de pair avec les plus puissants seigneurs de France. Il était renommé, et encore plus redouté, à la cour du roi Philippe Ier pour son habileté militaire, jointe à un caractère énergique. Il venait d'enlever d'un coup de main Montdidier et Péronne l'imprenable, qui n'en conti-

CHATEAU DE VEZ. — ENTRÉE DU DONJON (ARMES DE VALOIS)

nua pas moins à se qualifier de « Pucelle ». Il avait épousé en premières noces, malgré le roi et malgré le pape, Anne de Russie, veuve de Henri Ier et mère du roi, et pendant toute sa vie, il brava l'anathème pontifical, alors si terrible.

Raoul avait deux fils, Gautier et Simon ; et il avait confié l'éducation de Simon à Guillaume de Normandie, son plus grand ami. Guillaume renvoya Simon à son père, au moment où il se disposa lui-même à partir pour la conquête de l'Angleterre. Il fallait alors fournir à Simon un établissement convenable, d'autant que de mauvais bruits couraient sur la légitimité de sa naissance, et que son frère était déjà pourvu du château de Crépy. Ce fut dans ces circonstances que Raoul lui composa une maison riche et nombreuse, dans laquelle figuraient un châtelain et un sénéchal. C'est avec tout l'appareil qui pouvait flatter le cœur du jeune homme, que Simon vint prendre possession, en 1064, de son domaine de Vez.

Ce Simon de Vez, qui succéda immédiatement à son père, fut lui-même un homme remarquable, sous des apparences très simples.

Le roi de France, Philippe Ier, prenant Simon pour un esprit borné, et voulant profiter de la mort de son père pour diminuer la puissance des comtes de Valois, commença par susciter au jeune homme des ennemis lointains, puis il s'avança lui-même avec son armée du côté de l'Ouest. Simon se mut lentement et sans fracas, puis se retournant à l'improviste, il frappa un tel coup que le roi Philippe en fut tout interdit, et qu'il ne jugea pas prudent de pousser l'aventure plus loin.

Mais les prêtres employèrent contre Simon les terreurs religieuses, et son esprit, naturellement doux, en fut si vivement affecté, qu'il se soumit à faire pénitence et amende honorable. Il restitua volontairement Péronne et Montdidier, usurpés par Raoul, mais ce qui fut cruel, c'est que, pour obéir au pape, le fils fut forcé d'exhumer lui-même le cadavre de son père, enterré à Montdidier, pour le transporter à Crépy.

Simon fit enlever le suaire qui couvrait la face de Raoul ; il aperçut une tête gonflée, un teint livide, des yeux corrompus et la vermine qui sortait par la bouche. Ce spectacle affreux lui troubla la raison au point que pendant un mois, il vécut au milieu des bois, sans vouloir entendre ni admettre personne. Revenu à une vie plus régulière, il ne put reprendre le goût des choses du siècle dont le détournaient du reste les prêtres qui servaient l'ambition du roi.

Selon le Père Carlier, Simon prit à ce moment la résolution de se marier et demanda la main de la fille du comte Hildebert d'Auvergne, qui lui fut accordée.

Il prit donc la route d'Auvergne, accompagné d'une suite nombreuse et d'un train proportionné à son état et à sa fortune.

Les noces furent célébrées dans le Palais du seigneur Hildebert. La joie que le comte d'Auvergne avait d'abord conçue de cette alliance, fut passagère. La première nuit de ses noces, le comte persuada son épouse de garder la continence, et de se consacrer à Dieu chacun dans un cloître. La jeune mariée, dans le cœur de laquelle une éducation chrétienne avait jeté les germes de plusieurs vertus héroïques, ayant donné son consentement aux propositions de son mari, Simon choisit le monastère de Saint-Eugende ou Saint-Oyand au Mont-Jura, et son épouse celui de Lavau-Dieu, dépendance de la Chaise-Dieu.

Le moine Albéric prétend que ces deux époux partirent chacun pour sa destination, la nuit même de leurs noces, à l'insu du comte d'Auvergne et des seigneurs qui avaient assisté à la cérémonie de leur mariage. Il ajoute que le comte Simon prit la route du Mont-Jura accompagné de cinq chevaliers.

Simon, non content de la résolution qu'il avait prise de se sanctifier, en marchant dans la voie du salut, convertit ainsi, par son exemple et par ses conseils, ces cinq chevaliers. Deux d'entre eux, nommés Raoul et François, prirent les devants ; et les trois autres, appelés Robert, Arnoul et Warnier, dans la chronique de Beze, l'accompagnèrent.

La décision du comte Simon causa une peine sensible aux parents de son épouse, d'autant plus, que sans se contenter de satisfaire son inclination pour la vie religieuse, il y avait déterminé leur fille, dont la présence faisait leur consolation. La haute noblesse du royaume fut divisée d'opinion, sur la conduite que Simon avait tenue. Les uns le blâmaient d'avoir gardé sa résolution secrète, sans en faire part

CHATEAU DE VEZ – COURTINE EST

à ses proches, d'autres l'excusaient, pensant qu'il avait voulu prévenir par là les obstacles, qu'on eut pu mettre à sa claustration. Quelques-uns, édifiés du sacrifice qu'il faisait de toute sa fortune, et de son renoncement aux honneurs, voulurent l'imiter.

Toutes ces choses se passaient en l'An 1077.

Comte du Vexin, de Crépy et de Valois, baron de France, seigneur riche et puissant, Simon se fit donc simple moine.

Moine de Saint-Oyand-de-Joux (aujourd'hui Saint-Claude-du-Jura), il se rend en pèlerinage au Tombeau du Sauveur et au Siège de Saint Pierre.

Retiré au prieuré de Mouthe, dont il est le fondateur, sa réputation de sainteté et de sagesse est si grande que le Pape Grégoire VII l'appelle à Rome pour l'aider dans sa lutte contre les princes.

« Robert Guiscard, avec ses Normands, marche sur Rome. Le Pape lui députe en ambassadeur le saint moine du Mont-Jura et l'ascendant de Simon est tel que, non seulement la paix se conclut, mais que c'est l'armée qui recule devant le moine et que c'est le vaincu menacé, le Pape, presque assiégé dans

Rome qui, par la voix de Simon, impose ses conditions de paix.

« Bien plus, cet ennemi devient le fidèle et inlassable ami du Pape, celui qui lui ménagera dans ses états de Salerne un honorable accueil lorsqu'il devra fuir de Rome devant Henri IV, un instant victorieux, refuge dans lequel il mourra et où demeurera son tombeau que les miracles feront proclamer glorieux.

« Mais dès l'été de 1080, Simon était allé recevoir la céleste récompense.

« En vain, il avait sollicité du Pape, la permission de regagner son abbaye. Saisi d'un mal soudain, alors qu'il priait dans la basilique de Saint Pierre, il expira le 3 septembre, à l'âge de 33 ans. Ses funérailles furent un triomphe. Le Pape y convoqua tout le clergé de Rome, Mathilde, reine d'Angleterre, sa tante, lui éleva dans la basilique de Saint-Pierre un somptueux mausolée, et le bienheureux Urbain II inaugura son pontificat en rédigeant son épitaphe.

« Plus tard son corps fut ramené à Saint-Oyand-de-Joux (Sainte-Claude), et un de ses bras demeure encore vénéré à Mouthe, qu'il avait fondé. Son tombeau disparut lors de la reconstruction de Saint-Pierre, au XVIe siècle, mais son souvenir demeure et de pieux soins s'efforcent aujourd'hui de remettre en lumière ce glorieux protecteur de la Rome des Papes[(1)]... »

A sa prise d'habit religieux, Simon fit plusieurs parts des biens reçus par lui en apanage :

Il donna Vez, terres et château, à sa sœur Adèle. Il donna Bonneuil qui en dépendait, au monastère de Saint-Arnoul de Crépy, se réservant seulement la moitié de l'usufruit.

Vez resta sous la domination des comtes de Crépy pendant le temps des Croisades, alors que l'esprit religieux prenait un nouvel essor, et que les fondations pieuses se multipliaient. Aussi est-ce au profit des monastères que le territoire de l'ancien Valois finit par être démembré.

(1) André Pidoux, *Académie de Besançon.*

Mais le château de Vez, même privé de ses grandes dépendances territoriales, conserva longtemps son importance. Les comtes de Crépy y placèrent un châtelain ou gouverneur, et il est plus que probable que cet office fut d'abord rempli par les anciens comtes.

La suite des comtes de Crépy se divise en deux branches : la première, celle des comtes de Vexin, commence en la personne de Simon, propriétaire de Vez par apanage ; la seconde, celle des comtes de Vermandois, commence avec Hugues le Grand, frère du roi Philippe Ier, mari de la nièce de Simon, et finit par Eléonore, morte en 1214, sans postérité.

Il faut dire, à la décharge de la comtesse Eléonore, que si elle ne laissa pas d'héritiers, il n'y a aucunement de sa faute. Car elle prit successivement quatre maris, dont le dernier fut le comte de Beaumont. Ses vœux étant restés infructueux, par défaut d'héritiers, le comté de Valois fit retour à la Couronne dans la personne de Philippe-Auguste.

Ce changement fut pour Vez l'origine d'une résurrection.

En 1214, l'année même de la réunion à la

Couronne, Philippe-Auguste fit donation de Vez à un certain Raoul Duchemin, dont le nom traduit en latin, *de Stratis*, prit la forme plus pompeuse de Raoul d'Estrées.

Raoul d'Estrées fut élevé à la noblesse par ses services militaires, et sa belle conduite à la bataille de Bouvines. Selon le Père Carlier, Raoul d'Estrées était chevalier banneret du Vermandois. Comme il n'y avait pas alors de titre sans terre, Philippe-Auguste lui donna la terre du Petit-Vez, située de l'autre côté de la vallée, presque en face du château. Il y joignit bientôt le domaine principal, soit qu'il l'eût retiré aux moines des Saint-Arnoul, qui n'en étaient pas concessionnaires à perpétuité, soit qu'une certaine partie du domaine fût restée aux comtes de Valois. On a conservé le texte de cette donation écrite en latin, commençant ainsi : « Philippe « par la grâce de Dieu, roi de France, faisons « savoir que nous donnons, concédons à perpétuité « à notre amé loyal Raoul d'Estrées, à cause de « la fidélité de ses services, tout ce que nous possé- « dons au lieu qu'on appelle Vé sur Autonne *(sic)*, tant « le domaine que les dépendances du domaine, pour

« le tenir de nous sans trouble ni embarras quel-
« conque, en augmentation du fief qu'il tenait
« précédemment à titre d'hommelige. Nous lui
« donnons aussi le moulin situé au même endroit,
« etc... »

Suivent les dispositions assez minutieuses sur la jouissance du moulin. Cet acte porte la date de mai 1214.

Raoul d'Estrées, le donataire de Vez, qui devint Maréchal de France, est, selon toutes les apparences, la souche de cette grande famille, dont les différents membres occupèrent, du XIIIe au XVIIe siècles, les premiers emplois militaires du royaume, et qui, sous François Ier, firent l'acquisition de la terre de Cœuvres, voisine de Vez. C'est de là que descendrait la fameuse Gabrielle, duchesse de Beaufort, et châtelaine de Cœuvres, dont la beauté restée célèbre eut, non moins que la nécessité des opérations militaires, le privilège d'attirer dans le Valois, le plus brave et en même temps le plus galant de nos rois.

Raoul, en tout cas, est la souche d'une suite de seigneurs ou sires de Vez, dont les noms figurent

CHATEAU DE VEZ. — VUE EXTÉRIEURE EST

avec avantage dans les actes publics du temps : les Raoul, les Jean, les Manassé.

Quant aux femmes, elles s'appellent plus particulièrement Adenette, Jacqueline ou Péronnelle.

Raoul Ier, est un des premiers Maréchaux de France, Raoul II l'a été également... Jéhan de Vez s'intitulait chambellan du duc de Bourgogne ; un autre, *grand queux* de France.[1]

Le château de Vez, tombé en pleine décadence, depuis la concession faite en 1118 aux moines de Saint-Arnoul, fut remis en état, sur un nouveau plan, par Raoul d'Estrées et sa descendance, de façon à faire honneur au rang qu'ils tenaient de la munificence royale, et en même temps à rendre leur puissance respectable. Il paraît même que cette restauration fut une condition tacitement attachée à l'investiture par le roi Philippe-Auguste, ce qui prouverait au moins l'importance que l'on accordait encore à l'ancienne capitale du Valois.

Dans l'intervalle de la donation à sa mort (1214-1222), Raoul d'Estrées éleva ce qu'on appelle

(1) Intendant de la cuisine du roi.

le « logis », c'est-à-dire le corps de bâtiment qui servait à l'habitation. Il comprenait trois étages, comme on peut le voir par la situation des cheminées à double colonnette qui restent encore suspendues au mur de clôture. Ces cheminées portent des armoiries sculptées, qui représentent un écusson soutenu par deux anges. Raoul d'Estrées éleva encore le mur de la terrasse qui forme l'enceinte du côté de la vallée. Il n'éleva pas les ouvrages défensifs qui garnissent le front et l'aile gauche du château, du côté de la plaine. Il se contenta de construire de ce côté, un mur de clôture comparativement léger. Cet état de choses dura plus d'un siècle.

Les événements qui accompagnèrent la captivité de Jean le Bon, au milieu du XIVe siècle, firent sentir vivement l'insuffisance de ces fortifications. La Picardie et l'Ile de France furent plus particulièrement ensanglantées et ravagées. D'abord, en 1358, ce furent "les Jacques", qui, excités par l'oppression et l'insolence des nobles, mirent le Beauvaisis et le Valois à feu et à sang, jusqu'à leur déroute complète devant Meaux. Puis ce furent les Navarrais, et les bandes d'aventuriers à la solde de Charles le Mauvais ; un sieur Foudrigais, notamment, rançonnait le pays compris entre Creil, Compiègne, Soissons et Villers-Cotterets. Le plus souvent, il se postait sur les routes, et il levait sur tous les voyageurs une contribution forcée, à titre de sauf-conduit ; ce qui ne l'empêchait pas, en passant, de piller les monastères, les métairies et les châteaux. Nul doute que Vez n'ait eu à en souffrir.

Enfin, ce furent les Anglais, conduits par Edouard III, dont l'armée triomphante, ayant marché sans résistance de Calais sur Reims, se rabattit ensuite sur Soissons, et de là sur Verberie, en suivant la vallée d'Automne. Leur itinéraire indique qu'ils saccagèrent en passant le château de Vez. Une terreur pesait sur le Valois, l'agriculture était abandonnée, les moissons rasées, les bestiaux enlevés. La royauté affaiblie était incapable de fournir une protection ; les populations du Valois sentirent la nécessité de se protéger elles-mêmes.

Les gens de Béthisy avaient donné l'exemple, en arrêtant les Anglais devant leur château, et en remportant sur eux, près de Giroménil la victoire du Champ Dolent.

A l'appel des seigneurs de Vez, qui accomplissaient en cela une mesure d'intérêt général autant que d'intérêt particulier, les populations accoururent pour élever autour du château une citadelle puissante, capable de résister à l'ennemi commun, et d'offrir un asile aux habitants des campagnes voisines.

Ceux qui pouvaient payer, fournissaient leur tribut en argent ; ceux qui ne le pouvaient pas, travaillaient eux-mêmes, et faisaient des corvées. Le système de défense du côté de la vallée ne fut pas changé ; mais du côté de la plaine, le plus accessible et le plus vulnérable, c'est-à-dire, sur le front du château et à gauche en retour, on éleva un système de remparts solides, défendu extérieurement par un fossé.

A l'angle gauche, on éleva la grosse tour, qui forme l'ouvrage principal. Les fondations furent entreprises en 1360.

On pratiqua en outre, à une certaine distance, une seconde enceinte, dans laquelle furent englobés les restes de l'ancien château, le long du chemin de

CHATEAU DE VEZ. — VUE INTÉRIEURE

la croupe. C'est dans cette seconde enceinte qu'on recevait les populations, fuyant devant la crainte du pillage et des autres maux de la guerre. C'est là, qu'à l'approche d'une incursion armée, les habitants des campagnes environnantes, moines et paysans, venaient mettre à l'abri leurs personnes et leurs biens, les ornements d'église et les reliques des saints, les ustensiles et les bestiaux. Ils trouvaient le double avantage d'être préservés des incursions de l'ennemi, et aussi des exactions de la garnison du château ; car les hommes de guerre, de chaque côté, vivaient de maraudage, aux dépens du menu peuple.

Les réfugiés profitaient en même temps des prises faites par les gens du seigneur chargés de pourvoir à la nourriture commune. En retour, ils payaient au seigneur un tribut en- argent qu'on appelait le droit de sauvement: « *jus salvamenti* ». Cantonnés autour de la forteresse, ils arrivaient dans les longues guerres à y fixer leur demeure, et à y élever des habitations ; c'est ainsi que se sont formées beaucoup de villes.

Telle a été incontestablement l'utilité principale

du château de Vez pendant les deux siècles qui suivirent, tandis que le Valois était infesté par les pillards de tous les partis.

L'histoire rapporte qu'il soutint plusieurs sièges. Il semble cependant qu'il n'eut pu résister à lui seul contre ces armées régulières qui auraient eu le temps et la ferme volonté d'en poursuivre l'attaque.

Son sort, en pareil cas, devait dépendre de celui des grandes forteresses du voisinage, de Laferté-Milon, de Pierrefonds, et par-dessus tout de Crépy, sur lequel il prenait son point d'appui. Mais Vez était relativement très fort dans un temps où la difficulté du ravitaillement permettait rarement aux armées d'excéder le nombre de six à sept cents hommes ; il a donc été un obstacle efficace à l'encontre des bandes isolées qui cherchaient aventure, et qui procédaient par coups de main à la dévastation du pays.

Les misères qui avaient accompagné la captivité de Jean le Bon reparurent avec une force nouvelle pendant la démence de Charles VI, au commencement du XVe siècle. Le signal de la guerre fut l'assassinat du duc d'Orléans et de Valois, d'où sortit la trop faveuse rivalité des Armagnacs et des Bourguignons. Le duc de Bourgogne, s'étant emparé de l'esprit et des ordres du roi, ayant de plus obtenu contre le fils de la victime une excommunication que le Pape ne refusait jamais au parti puissant, lança sur le Valois une armée commandée par le Capitaine Valeran de Saint-Pol. Son plan, qui consistait à s'emparer des places fortes, fut rapidement exécuté. Crépy, Pierrefonds, Laferté-Milon, Coucy-le-Château capitulèrement sans coup férir. Vez ne pouvait pas résister au mouvement général, et fut occupé par les Bourguignons à la fin de 1411.

L'année suivante, en 1412, le duc Charles d'Orléans fit sa paix à Auxerre avec le roi, et rentra en grâce auprès de lui. Ses biens, qui avaient été pris, lui furent restitués en principe, mais l'exécution souffrit quelques difficultés. Valeran de Saint-Pol avait son quartier général à Pierrefonds, on dut négocier avec lui parce que le château était trop magnifique, pour qu'on se risquât à l'attaquer et à l'endommager. D'ailleurs toutes ces précautions furent vaines, car lorsque les Bourguignons se retirèrent, le château de Pierrefonds prit feu comme par mégarde, au cours du déménagement. Vez fut évacué en même temps que les autres places.

Le parti bourguignon resta maître, néanmoins, de Noyon, de Compiègne et de Soissons, d'où il continua de guerroyer jusqu'en 1414, ruinant et pillant le pays intermédiaire.

Vez est cité avec honneur comme ayant tenu fidèlement, dans cet intervalle, pour le roi et le duc de Valois. Il est mis au nombre des places dont les commandants couraient sus aux brigands, et qui rendaient ainsi d'importants service aux campagnes.

La prise du duc d'Orléans à la bataille d'Azincourt, en 1415, et sa captivité en Angleterre accrurent encore le désordre. En même temps, les Bourguignons faisaient alliance avec les Anglais, qui étaient les ennemis nationaux.

Le Valois fut un instant couvert par les talents militaires du capitaine Bosquiaux, et l'Anglais arrêté par la défaite de Montépilloy (1415-1420).

Mais en 1421, Henri V, roi d'Angleterre, avait

pénétré à Paris, et s'était véritablement emparé de la royauté française, sous le titre de régent et d'héritier présomptif. Maître de Meaux, il se présenta devant Crépy, où après des pourparlers, il fut accueilli comme lieutenant général de Charles VI. La reddition et l'occupation de Vez par les Anglais furent la conséquence nécessaire de la capitulation de Crépy. Elles eurent lieu en même temps que celles des autres places du Valois, au printemps de l'année 1421. L'occupation dura jusqu'en 1429, c'est-à-dire pendant huit ans. Elle se perpétua ainsi après la mort de Henri V (1422) sous le commandement du duc de Bethford, régent.

On a retrouvé à Vez, en fouillant dans la terre, deux pièces d'or très curieuses, qui attesteraient au besoin le passage des Anglais et la date de leur présence. L'une de ces pièces porte une croix sur l'une de ses faces ; sous le bras droit de la croix, un léopard sous le bras gauche, une fleur de lys ; et tout autour cette légende : *Vincit, Regnat, Impera.* Sur le revers, on voit en haut la figure de Dieu le Père, au-dessous, deux images, qui sont celles d'un ange et de la Vierge Marie ; plus bas, enfin, les armes de France et celles d'Angleterre représentées par deux écussons. Autour est la légende suivante : *Henricus Dei gratia Francorum Anglorum Rex.*

Salut d'Or d'Henri VI d'Angleterre (XVe Siècle)
(Collection du Chateau de Vez)

Vez devait connaître plus tard, à la fin du XVe siècle, d'autres vicissitudes.

Au commencement de la Ligue, en 1489 les places fortes du Valois, dégarnies de vivres, Crépy, Pierrefonds, Laferté-Milon et Vez tombèrent au pouvoir des ligueurs, commandés par le duc d'Aumale. Celui-ci ayant voulu prendre d'assaut Senlis, où les royalistes étaient redevenus maîtres, La Noüe accourut de la ville avec une armée de secours, et remporta sur eux la brillante victoire de Montépilloy.

La Noüe, vainqueur, s'avança immédiatement jusqu'à Crépy qu'il fit rentrer au pouvoir du roi, et la délivrance de cette place entraîna naturellement celle de Vez, qui s'appuyait sur la capitale et partageait presque toujours son sort.

Pendant toute la durée des troubles, la situation de Vez fut déplorable, ses alentours étant occupés par les ligueurs, qui étaient maîtres de toute la partie orientale du Valois, et s'avançaient jusqu'à Villers-Cotterets. Les places fortes étaient aux mains de commandants hardis et aventureux, dont les talents militaires ne sont pas niables : c'était Rieux, à Pierrefonds ; Mayenne et Vieuxpont, à Soissons ; Saint-Chamant, à Laferté-Milon.

A chaque instant des engagements avaient lieu entre la garnison de Crépy et les postes avancés des ligueurs. A tout moment, le territoire de Vez était traversé par des partis ennemis, ce qui obligeait les seigneurs de Vez à une vigilance continuelle. On peut citer comme exemple la tentative faite par le ligueur Consac, qui était venu se poster au Bois du Tillet avec deux cents cavaliers et autant d'arquebusiers, pour surprendre le commandant de Crépy, Edouville, sorti en reconnaissance. Non seulement Edouville, entouré d'une trentaine d'hommes ne se laissa pas entamer, mais étant rentré à Crépy, et reprenant l'offensive avec des forces nouvelles, il poussa la troupe de Consac, l'épée dans les reins, et la poursuivit à travers le territoire de Vez jusqu'à Villers-Cotterets. Là, forçant le poste et le retranchement élevés par les ligueurs, il tua une partie de la bande. Le coup fut assez sensible pour obliger Mayenne à demander une trêve. Vez dut enfin sa tranquillité à la capitulation de Pierrefonds et de

Laferté-Milon qui, pendant longtemps, avait résisté aux attaques infructueuses du Maréchal de Biron et du roi Henri IV.

Dans le chapitre réservé plus loin à la chronologie des seigneurs de Vez, nous relaterons les tribulations de seigneur Jacques Allegrain, à l'occasion de la prise du château de Vez par les capitaines aventuriers de la Ligue.

❧ ❧

A dater du règne d'Henri IV, les places fortes du Valois perdirent leur importance. Crépy repris par les Anglais en 1431, détruit par les ligueurs en 1592, tomba peu à peu en ruines.

Laferté-Milon, sur les ordres de Henri IV, fut rasé par le sergent Laruine, bien nommé, qui se chargea de la démolition au prix de 500 écus !...

Pierrefonds fut démantelé en 1617, par l'ordre de Richelieu.

Vez, plus heureux, n'a pas subi d'autre injure que celle du temps.

Une autre cause de décadence fut l'affaiblissement progressif et rapide de la puissance féodale.

Déjà en 1501, la royauté avait voulu rentrer en possession de la seigneurie de Vez, à défaut d'héritier mâle dans la descendance de Raoul d'Estrées, et par le motif tiré de la loi salique que les femmes ne succédaient pas aux mâles. Un acte d'aveu et dénombrement fait par Jeanne de Nanterre à la date du 6 juillet 1501, fut annulé par une sentence de blâme, le 11 juillet de la même année. Mais cette sentence ne reçut pas d'exécution. La famille du Président de Thumery, devenue propriétaire par les femmes, resta en possession, à titre précaire. Elle ne fut relevée de l'interdiction que par un arrêt du Conseil d'Etat du 27 février 1669.

Lors de la division du duché de Valois en six châtellenies, Vez fut incorporé à la châtellenie de Crépy. Il relevait sous le rapport judiciaire, du baillage général ou présidial, séant à Crépy et, sous le rapport financier, de la généralité de Soissons.

A partir du XVIIe siècle, les seigneurs de Vez abandonnèrent la résidence du château, et cédèrent tous leurs droits à un receveur ou fermier, moyennant une redevance annuelle. Parmi ces droits figurait celui de haute, moyenne et basse justice sur toute l'étendue du domaine. Mais la teneur invariable des baux dissipe bien des illusions. Au nombre des charges imposées au receveur, on retrouve toujours les suivantes : « ...feront labourer bien et duement, fumer et amender les terres... feront exercer la justice dudit Vé à leurs despens, jusques à la somme de dix livres par chacun an, sans pouvoir instituer et destituer les officiers... feront nestoier les estangs. (La justice était traitée comme un engrais ou un curage).

En 1732, la famille de Thumery fit argent de sa seigneurerie. Elle la vendit avec les terres à un sieur Raoulx, capitaine des Ports et lieutenant de Frégate légère. On voit par la teneur de l'acte que le domaine de Vez, embrassait soit en totalité, soit et partie les territoires de Vez, Bessemont, Fonteneuil, Walu, Largny, Eméville. Il comprenait quatre fermes, celles de la basse-cour, du château de Bessemont, de Fonteneuil et de Pécatoire ; et trois fiefs, indépendamment du fief principal, ceux de Combrouai à Eméville, de Fonteneuil et de Walu.

L'année suivante, en 1733, Raoulx revendit le tout à charge d'usufruit, à un sieur Bourdon, conseiller du roi et procureur en la prévosté de son hôtel. Le domaine passa ensuite par mariage avec Damoiselle Bourbon, au Chevalier Jean-Baptiste-Joseph de Petitpas, qui mourut à Roubaix, le 6 juillet 1788, laissant deux enfants.

Les mineurs Petitpas restèrent sous la tutelle de leur oncle Balthazar Louis-Marie Petitpas, mort le 8 juin 1795, en Westphalie, puis sous celle d'un sieur Dumesnil et plus tard sous celle de leur tante Marie-Eugénie-Henriette de Lutjens, mais sous la protection et à la charge de Lutjens père. Ils furent élevés à Tournai, dans une pension. Le tuteur fit en 1792, aux administrateurs du département de l'Oise, la déclaration de leur domicile régulier à l'étranger. On négligea ces certificats, mais on accueillit la dénonciation du tuteur des enfants, le même Dumesnil, comme s'ils avaient quitté la France à cause des événements révolutionnaires. Ils furent donc portés sur la seconde liste supplémentaire des émigrés du département de l'Oise, par arrêté du 26 germinal, An II, et le séquestre mis sur leurs biens ; ceux-ci furent mis en vente comme biens nationaux.

Les fermiers étaient deux frères :

CHATEAU DE VEZ. — L'ANCIEN LOGIS (XIIe SIÈCLE)

1° Le premier, Pierre Tassart, était fermier d'une partie comprenant le domaine de Sechelle (commune de Cuvilly) les fermes de Fonteneuil (commune de Vez) et de Bessemont ;

2° Le second, François Tassart, était fermier de Vez où se trouvaient corps de ferme, deux moulins à eau, étangs, prés, terres labourables, aulnaie, petite garenne. Il payait avant la Révolution, 7.500 livres de fermage. Or, une contre-lettre signée à Roye le février 1792, par les deux frères, porte la somme totale de 8.000 livres pour leurs deux fermages.

Le 23 pluviose, An V, le premier fermier acquérait Fonteneil pour 61.945 livres 2 sols 6 deniers ; Bessemont pour 13.398 livres. L'autre fermier payait 68.755 livres pour les deux parties du domaine de Vez, les tourelles (château, donjon, bâtiments) les jardins, potagers, prés, garenne ; un troisième acquéreur, Jacques-François-Marie Robert, négociant à Paris, payait 53.501 livres les étangs, moulins, bâtiments, etc...

Cette acquisition légale ruinait les vrais propriétaires. Charles-Hippolyte-Louis Petitpas était allé chercher fortune à Batavia ; il y mourut sans postérité le 8 octobre 1821 ; sa sœur restée seule héritière, et qui semble avoir été femme de tête et de cœur, ne se lassait pas de réclamer, rappelait que le 6 brumaire, An X, on les avait rayés elle et son frère de la liste des émigrés de l'Oise.

Enfin justice lui fut rendue au moment de la liquidation des indemnités dues aux émigrés. Le 27 avril 1825, il lui fut attribué, d'après une évaluation qui ne paraît pas avoir été exagérée : 403.795 francs. Telle est la fin de l'histoire des propriétaires de Vez, sous l'ancien régime.[1]

Le château de Vez avec ses dépendances était devenu, par vente faite au nom du Domaine public, la propriété des frères Tassart qui les conservèrent jusqu'en 1825.

---

(1) Extrait du compte-rendu des séances de la Société Académique d'Archéologie du département de l'Oise de 1900.

TROISIÈME PARTIE

Chronologie des Seigneurs et Propriétaires du Château de Vez

La généalogie des possesseurs du comté de Valois et de Vez, par conséquent, se confond à partir du IXe siècle, avec celle du comté de Crépy et même du Vexin; puis dans la seconde partie du IXe siècle, avec celle du comté de Vermandois, par le mariage d'Adèle, sœur de Simon de Vez avec Herbert IV, comte de Vermandois.

En l'An 1064, Raoul III, comte de Crépy donna la terre et le château de Vez à son fils Simon.

Adèle, née en 1028, morte en 1078, reçut de son frère Simon de Vez, les comtés de Crépy, de Valois, et le château de Vez. Elle épousa Thibaud, comte de Flandre et après la mort de celui-ci, Herbert IV, comte de Vermandois.

C'est par ce mariage que furent réunis le comté de Valois et de Vermandois ; et c'est ainsi que l'échiquier du Vermandois figure à la clef de voûte de l'oratoire du donjon de Vez.

Herbert IV et Adèle eurent une fille, Adelaïde, qui épousa Hugues le Grand, frère du roi. Elle était dame du Valois, comtesse du Vermandois, de Crépy, et d'Amiens. C'est de ce mariage, que date dans le comté de Valois, l'adjonction à l'échiquier des trois fleurs de lys au chef d'azur.

Née en 1052, morte en 1120, Adelaïde épousa en secondes noces, Renaud II, comte de Clermont-en-Beauvaisis. Elle eut plusieurs enfants dont une fille qui épousa Enguerrand de Coucy, et un fils, Raoul IV, qui épousa Eléonore de Champagne. La comtesse Eléonore, née en 1152, morte en 1214, sans laisser de postérité, les terres et le château furent réunis à la Couronne et c'est ainsi que Phi-

CHATEAU DE VEZ. — LA POTERNE - VUE DE L'INTÉRIEUR

lippe-Auguste, après la bataille de Bouvines, put en faire don à Raoul d'Estrées.

Raoul d'Estrées mourut en 1223, laissant trois enfants : Jean, Raoul et Manassé. Ce dernier hérita du château de Vez.

Jean eut pour sa part le petit Vez ; il eut un fils, Jean qui fournit aveu et dénombrement de cette partie du domaine de Vez au roi Saint-Louis, en 1266.

Raoul, le second fils, appelé Raoul de Sores, dit d'Estrées, fut Maréchal de France comme son père. Il épousa Adenette, fille de Hervé, vicomte de Busancy. Il suivit le roi Saint-Louis à la VIIe Croisade et mourut en 1281.

Le troisième fils de Raoul d'Estrées, Manassé, Seigneur de Vez, eut, en l'An 1270 une grave difficulté avec le bailli royal de Senlis, touchant un serf du roi, auquel il avait accordé un asile dans son château.

Ce serf avait été affranchi par un chevalier, contre les règles. Le bailli de Senlis ayant sommé Manassé de renvoyer l'affranchi, Manassé refusa. L'affaire fut portée devant le Parlement. Il fut décidé que le serf ayant été mal affranchi, rentrerait dans son premier état et appartiendrait au roi, mais que tant que cet esclave demeurerait au château de Vez, il serait justiciable de Manassé comme les autres serfs du roi qui résidaient en ce même lieu.

Jean, Raoul, Manassé et Jean II eurent des enfants. L'un d'eux, Raoul de Vez, eut en 1292 un différend avec le comte de Nevers. Il fut le père de Manassé II. Celui-ci épousa une dame Jacqueline et mourut en 1330, laissant deux enfants : Jehan de Vez et Péronnelle de Vez.

Jehan de Vez portait le titre de seigneur de Vez et d'Esteurdes, et devint chambellan du duc de Bourgogne ; il eut une existence mouvementée. Il est cité dans plusieurs titres du " Trésor des Chartes ". On a de lui une requête au roi Charles V, datée de l'an 1380, par laquelle il demanda au roi l'emplacement du moulin de Largny. Jehan de Vez en 1376, par le commandement du roi, alla avec Monseigneur de Rayneval en pays lointain pour les affaires du royaume de France. Il mourut sans laisser de descendance.

Sa sœur Péronnelle hérita de tous ses biens. Elle épousa le chevalier Robert de Saint-Clair. Elle eut une petite-fille nommé Jeanne de Vez qui s'allia vers l'An 1400 à Bernard de Châteauvilain.

Bernard fut le père de Jean Ier et aïeul de Jean II (1446-1451) (titre de la Chartreuse de Bourgfontaine, 19 Octobre 1446; cartulaire de l'abbaye du Lieu-Restauré, 22 Septembre 1451).

Bernard de Châteauvilain, marié à Jeanne de Saint-Clair eut deux enfants : Bonne ou Anne, qui épousa, en 1437, Thibaud de Neufchâtel, et Jean de Châteauvilain, qui épousa, en 1431, Jeanne de Villiers sur Scey (Villersexel); il épousa en secondes noces, en 1455, Louise Rollin, fille de Nicolas Rollin et de Gigonne de Salins. C'est Nicolas Rollin,grand chancelier du duc de Bourgogne et Gigonne de Salins, beaux-parents de Jean de Châteauvilain, qui fondèrent l'hospice de Beaune, cette merveille d'architecture flamande et bourguignonne.

A la mort de sa femme, Jeanne de Saint-Clair, Bernard céda la seigneurie de Vez à Guillaume de Lodes, en 1446, moyennant la somme de trois mille écus d'or.

Guillaume de Lodes avait épousé Huguette de Jaye ; ils eurent deux filles : Louise, qui épousa

Léon du Chastel, seigneur de la Howarderie, Maréchal de Bourgogne, mort en 1469, et Yvonne, qui épousa sire René de Montgomery, seigneur de Lorges.

Guillaume de Lodes fit une chute dans le puits de la cour de Vez et s'y noya, le jour de la Saint-Laurent de l'An 1464.

Sa fille Louise céda sa part de propriété de Vez, moyennant un échange de terres, à Jean L'Huillier, et le château fut vendu à la criée en 1464.

En 1484, Antoine des Fossés était seigneur de Vez. Il épousa Antoinette de Vaucelle, fille de Jacques de Vaucelle, seigneur de Boursonne et prit le titre de Vicomte de Boursonne et de Seigneur de Vez.

Ainsi en 1484-1490, les deux châteaux de Vez et de Boursonne furent réunis entre les mains du même propriétaire.

En 1490, Jean L'Huillier, Conseiller au Parlement, Procureur général, marié à Loyse-Jeanne de Nanterre, devint l'unique propriétaire du domaine de Vez. Il fut le digne père d'une famille de sept enfants et mourut en 1519. Sa veuve inconsolable mourut un an après.

Clément Marot écrivit une épitaphe pour leur

tombeau. Ces vers, écrits après la mort des époux L'Huillier en 1520, seraient parmi les premiers de Clément Marot, né en 1495.

Nous les transcrivons ici.

ÉPITAPHE DE JEAN L'HUILLIER

Conseiller Procureur au Parlement

Incontinent, que Loyse le maistre
Congnou qu'aux vers le corps on faisait paistre
De son époux, le prudent Jean l'Huillier,
Hélas, dit-elle, amy très singulier,
Vostre prudence au Sénat honorée
Eut mieux porté que moy, lasse éplorée,
Le deuil de la mort. Inutile je vi ;
Et vous eussiez encores bien servi
Car vous estiez vertueux et scavant.
Las ! pourquoy donc ne suis-je morte avant ?
En ce regret des moy demeura douze
La bonne, belle et vertueuse espouse,
Puis trespassa, et en mourant va dire :
C'est trop d'un an sans voir ce qu'on désire,
Mon esprit va le sien là-haut :
Vueille mon corps auprès du sien coucher !
Ce qui fut faict ; et n'a sceu mort tant poindre
Qu'elle ait desjoint ce qu'amour voulut joindre.

CLÉMENT MAROT.

1520-1549. Eustache L'Huillier l'un des enfants de Jean L'Huillier fut propriétaire de Vez. Il eut une fille, Françoise, qui épousa Jacques Allegrain, Conseiller au Parlement.

Jacques Allegrain eut douze enfants ; il se maria successivement quatre fois. L'une de ses femmes fut Marie de Villiers, mère du grand Maître de l'Ordre de Malte, Villiers de l'Isle Adam, et mourut en 1597.

Pendant les troubles de la Ligue, il arriva une singulière mésaventure à Jacques Allegrain,

Le gouverneur de Pierrefonds était le sieur de Rieux, capitaine d'une bande d'aventuriers qu ravageaient le pays, arrêtant les voitures, s'emparant des châteaux par surprise ; c'est ainsi qu'en compagnie de deux autres aventuriers Zacharie de Lanoy et Georges du Mont, il s'empara du château de Vez, vers 1589.

Jacques Allegrain, qui habitait alors Paris, envoya un mandataire, maître Jehan de Trumel pour sommer les capitaines aventuriers de lui rendre son domaine ; celui-ci porteur de lettres du duc de Mayenne, lieutenant-général de l'Etat et de la

CHATEAU DE VEZ. — LE CALVAIRE
(PARC EXTÉRIEUR)

Couronne de France, ainsi que des procurations données par le propriétaire Jacques Allegrain, se présenta accompagné du sire Bourdelot au château de Vez et fit les sommations d'usage.

Les occupants leur répondirent, avec grande désinvolture, que non seulement ils ne rendraient point le domaine, mais qu'ils les retenaient tous les deux prisonniers jusqu'à ce qu'ils leur eussent fourni la somme de deux cents écus d'or. Le chevalier Jehan de Trumel et le sire Bourdelot durent se faire envoyer et payer cette somme aux capitaines pour recouvrer leur liberté.

Ils se rendirent cependant chez le notaire De Lavallée à Crépy, et lui firent rédiger une protestation en règle, que celui-ci se chargea de faire parvenir aux occupants !

La spoliation dont était victime la famille Allegrain aurait pu durer longtemps, si le roi Henri IV n'avait envoyé son armée pour reprendre Pierrefonds et Vez.

Voici la copie d'une lettre adressée par Henri à son cousin le duc de Nivernais,

5 Septembre 1592.

Escript à Jouy (abbaye de l'ordre des Citeaux
à deux lieues du nord de Provins.)

Mon cousin,

J'ai reçu tout à ceste heure advis que le château de Vez tient encore et qu'il y est entré 50 hommes de renfort venus de Compiègne.

Cela me fait haster. Je vous prie encore une fois d'estre demain, avec mon artillerie en mains.

HENRI. (1)

Le château fut donc restitué à la famille Allegrain. Par la suite, le capitaine de Rieux fut pris par les soldats d'Henri IV dans la forêt de Compiègne, et pendu comme voleur.

1591. Mademoiselle Allegrain, fille de Jacques Allegrain possédait le château.

1612. Jean-Robert Allegrain, fils de Jacques Allegrain.

1628. François, fils de Jacques Allegrain, seigneur d'Amblinvilliers, Conseiller au Parlement,

(1) Bibliothèque Nationale, fonds "Béthune".

maître d'hôtel de la reine Mère, hérita de la terre de Vez. Il épousa Marie de Villagnon et fut ainsi par alliance le neveu ou le beau-frère du chevalier de Malte, de ce nom, qui combattit les Turcs, et déjoua les Anglais par une opération navale très hardie, qui ramena d'Ecosse Marie Stuart.

Par la suite, de Villagnon se rendit au Brésil ; il tenta d'y fonder une colonie où les protestants auraient pu émigrer. Il organisa une expédition qui s'installa dans une île à laquelle elle donna le nom de Coligny.

Cet essai de colonisation échoua à la suite de discussions sur des sujets théologiques, et la plupart des membres revinrent en Europe afin de soumettre à Calvin leurs sujets de controverse, basés sur des convictions contradictoires !

François Allegrain et Marie de Villagnon eurent dix-sept enfants dont la quinzième, Françoise, épousa Gaspard de Verdelot, baron de Survilliers.

Gaspard de Verdelot étant mort en 1643, le domaine de Vez revint à Nicolas de Thumery, chevalier-seigneur de Boissises, chambellan du duc d'Orléans, au chevalier de Marsenous, ses héritiers, par bénéfice d'inventaire, qui en prêtèrent foi et hommage.

Leur mère était Marthe L'Huillier, sœur de Françoise, qui avait épousé Nicolas de Thumery, mort sans enfants, en 1670.

1684. Christophe Germain de Thumery, Conseiller du roi, président de la 2e Chambre des Enquêtes, épousa Madeleine le Tellier.

1730. Christophe-Edouard de Thumery, son fils, chevalier non profès de l'Ordre de Saint-Jean de Jérusalem, fit donation de la terre de Vez (23 février 1730) à René de Thumery, et à Adrien de Thumery de Boissises, et à sa sœur.

1732. 10 janvier. Vente de Vez par René et Adrien de Thumery, devant Camuset, notaire à Paris, moyennant la somme de 80.000 livres à Gaspard Raoulx, lieutenant de frégate et capitaine de Port.

Raoulx ne put s'acquitter et dut vendre le 8 juillet 1733, à François Bourdon, écuyer secrétaire du roi, pour 50.000 livres.

Le 17 juillet, Charles Hippolyte de Petit-Pas, chevalier seigneur de Walle, gendre de Bourdon, intervint pour le paiement.

1758. Charles de Petit-Pas est propriétaire après Bourdon.

1775. Son fils Jean-Baptiste-Joseph Petit-Pas, mousquetaire du roi, est propriétaire de Vez.

Il demeurait à Lille et mourut à Roubaix le 6 juillet 1788, laissant deux enfants mineurs : une fille de neuf ans, Carlotte Colette, et un fils de six ans, Charles-Hippolyte Petit-Pas.

1797. Le 4 février, vente par le Domaine public, comme bien d'émigrés, du château et de ses dépendances, aux frères Tassart, qui le conservèrent jusqu'en 1825.

A cette époque, le domaine fut repris aux frères Tassart et remis en vente aux enchères publiques.

Acquis par Hippolyte Paillet, et conservé dans sa famille jusqu'en 1890, il fut vendu à cette époque à M. Léon Dru, qui le conserva jusqu'à sa mort en 1904.

Léon Dru, né à Paris, en 1836, était devenu le chef de l'importante entreprise de sondages, fondée par M. Mulot, et à laquelle on doit, entre autres, le puits artésien de Grenelle.

Vers 1880, ses études hydrographiques et géologiques le désignèrent pour accompagner M. de Lesseps dans une mission ayant pour objet l'étude de l'intercommunication des chotts tunisiens.

En 1881, il présenta au Congrés International de Géographie de Venise un projet de percement de l'isthme de Malacca.

Chargé de mission. en 1882, par le Gouvernement russe, il publia, en 1884, un important rapport sur les eaux minérales du Caucase et projeta la création d'un canal entre le Don et la Volga.

Il fut Commissaire Général de l'Exposition Française à Moscou, en 1891.

L'Académie d'Agriculture, alors Société Nationale d'Agriculture, lui ouvrit ses portes dans la section hydraulique agricole, et la rosette de la Légion d'Honneur, récompensa les services qu'il avait rendu comme un des pionniers de l'Alliance franco-russe.

Les voyages avaient développé en lui un goût artistique qui trouva les satisfactions les plus délicates dans la possession et l'aménagement du château de Vez, auquel il entreprit de rendre son caractère féodal.

La mort interrompit son œuvre en 1904.

Il repose dans la crypte de la chapelle, à côté de sa femme, née Léontine Geibel, décédée en 1895, nature d'élite dont la culture raffinée était pour lui le plus sûr des guides.

Sur les tombeaux, Frémiet a représenté M. Dru en uniforme russe ; et le marbre donne l'impression de l'élégance sobre et discrète du modèle : Madame Dru est telle qu'elle était sur son lit de mort, couchée dans les plis d'une longue robe, la tête entourée d'une mantille, sa petite chienne Mirette aux pieds.

Une épitaphe en vieux style français avait été composée par son cousin, le Président Alfred Paisant :

Voy ci-dessoubs la vraie ymaige
D'une qui feust et belle et saige ;
Gente d'esprit, gente de corps,
Doulce au dedans, doulce au dehors.
Geibel eut nom de damoyselle,
Dru son mari fidèle. En elle
Moult nous plorons Grâces et Ris,
Las ! envolez au Paradis ;
Plorons,
Orons !

Parmi les importantes collections de M. Dru, citons : ses laques japonaises au Louvre, et une partie de son mobilier au Musée des Arts Décoratifs.

Son testament permit à l'Etat l'acquisition d'un des plus beaux Chardin, de la collection du Louvre, et, surtout, celle du château d'Azay-le-Rideau, où une plaque a été placée pour rappeler le souvenir du donateur.

FONDS BAPTISMAUX PÉDICULÉS DU XIVe SIÈCLE (COLLECTION DU CHATEAU DE VEZ)

LES TOMBEAUX DE M. ET Mme LÉON DRU, PAR FRÉMIET
(CHAPELLE DU CHATEAU DE VEZ)

BLASONS DES SEIGNEURS DE VEZ

du XIe Siècle à la Révolution

(VERRIÈRES DU CHATEAU DE VEZ)

Robert de St-Clair Péronnelle de Vez

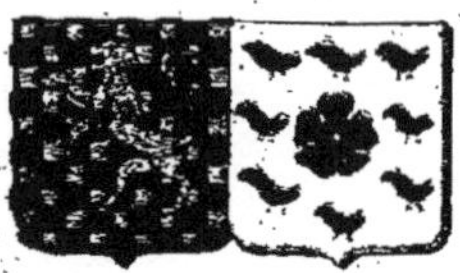

Bernard de Chateauvilain Jeanne de St-Clair de Vez

Huguette de Jaye Guillaume de Lodes

Louise de Jaye de Lodes Lionel de la Houwarderie

Jean L'Huillier Jeanne de Nanterre

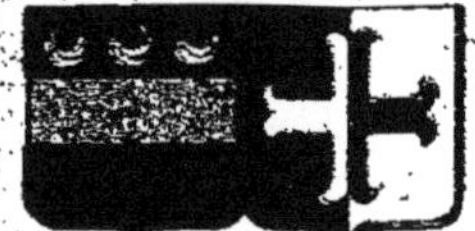

Françoise L'Huillier Jacques d'Allegrain

Gaspard de Verdelot Anne de Proissy

Gaspard de Verdelot J. R. d'Allegrain

De Thumery J. L'Huillier

François Bourdon Madeleine Bonnaire

Charles de Petitpas Bourdon

www.ingramcontent.com/pod-product-compliance
Ingram Content Group UK Ltd.
Pitfield, Milton Keynes, MK11 3LW, UK
UKHW020311220726
13923UKWH00003B/1074

9 782329 03868